# BEI GRIN MACHT SICH IHR WISSEN BEZAHLT

AF168161

- Wir veröffentlichen Ihre Hausarbeit,
  Bachelor- und Masterarbeit

- Ihr eigenes eBook und Buch -
  weltweit in allen wichtigen Shops

- Verdienen Sie an jedem Verkauf

## Jetzt bei www.GRIN.com hochladen und kostenlos publizieren

Fabian Prilasnig

# Rosa Winkel. Symbol des Stolzes, der Wut und Trauer in der Erinnerungskultur der amerikanischen und deutschen Homosexuellen-Gemeinschaft

GRIN Verlag

**Bibliografische Information der Deutschen Nationalbibliothek:**

Die Deutsche Bibliothek verzeichnet diese Publikation in der Deutschen National-
bibliografie; detaillierte bibliografische Daten sind im Internet über http://dnb.d-
nb.de/ abrufbar.

**Impressum:**

Copyright © 2014 GRIN Verlag GmbH
Druck und Bindung: Books on Demand GmbH, Norderstedt Germany
ISBN: 978-3-656-71202-2

**Dieses Buch bei GRIN:**

http://www.grin.com/de/e-book/278242/rosa-winkel-symbol-des-stolzes-der-wut-
und-trauer-in-der-erinnerungskultur

**GRIN - Your knowledge has value**

Der GRIN Verlag publiziert seit 1998 wissenschaftliche Arbeiten von Studenten, Hochschullehrern und anderen Akademikern als eBook und gedrucktes Buch. Die Verlagswebsite www.grin.com ist die ideale Plattform zur Veröffentlichung von Hausarbeiten, Abschlussarbeiten, wissenschaftlichen Aufsätzen, Dissertationen und Fachbüchern.

**Besuchen Sie uns im Internet:**

http://www.grin.com/

http://www.facebook.com/grincom

http://www.twitter.com/grin_com

## Rosa Winkel – Symbol des Stolzes, der Wut und Trauer in der Erinnerungskultur der amerikanischen und deutschen Homosexuellen-Gemeinschaft ab den 1970er Jahren

Zur Situation in den NS-Konzentrationslagern:

Die prekäre Lage homosexueller Männer in NS-Konzentrationslagern, die mit dem Rosa Winkel gekennzeichnet waren, erklärt sich nicht nur aus der Homophobie seitens der SS, sondern auch die Geringschätzung ihrer Mithäftlinge, die ihnen das Leben oft genug zur Hölle machten. Ihr Schicksal ähnelte ein wenig dem der jüdischen Häftlinge sowie der Sinti und Roma, da auch sie mit Ressentiments innerhalb der Lagergesellschaft zu kämpfen hatten. Aufgrund der geringen Zahl der Rosa-Winkel-Häftlinge gab es keine Selbstorganisation und keinen Selbstschutz nach dem Vorbild anderer Häftlingsgruppen, was die Überlebenschancen Homosexueller erheblich schmälerte. Eine der wenigen Chancen, die eigene Situation zu verbessern, war für sie das Aufsuchen des Schutzes einzelner Funktionshäftlinge, die jedoch unter anderem auch sexuelle Gegenleistungen erwarteten. „Wer nicht jung, attraktiv und skrupellos genug war, sich auf dieses Spiel einzulassen, hatte nur geringe Chancen, den Terror der SS zu überstehen."[1] Statistisch wurde für die Konzentrationslager Buchenwald, Ravensbrück und Sachsenhausen eine Todesrate für die Häftlingsgruppe mit dem Rosa Winkel von 60%, im Vergleich dazu für die Gruppe der politischen Häftlinge 42% und für jene der sog. Bibelforscher 35% errechnet.[2]

Zur Forschung über nationalsozialistische Anti-Homosexuellen-Politik:

Die Forschung zur nationalsozialistischen Anti-Homosexuellen-Politik ist unter anderem durch folgende Spezifika charakterisiert: erstens hatte die Erforschung der Lebenssituation homosexueller Frauen und Männer in NS-Deutschland immer eine politische Dimension, welche als ein wesentliches Motiv die berechtigten Forderungen hervorheben sollte, von Verfolgung und Deportation Betroffene als Opfer nationalsozialistischen Unrechts anzuerkennen und zu entschädigen; zweitens haben die Forschungsergebnisse maßgeblich zur politischen Bewusstseins- und Willensbildung homosexueller Männer beigetragen, die gestützt auf erste Untersuchungen in den 1970er und 1980er Jahre den Rosa Winkel, das Erkennungszeichen für homosexuelle Häftlinge in den Konzentrationslagern, zu einen Symbol eines neu gewonnenen politischen Selbstbewusstseins erhoben; und drittens werden Publikationen zum Schicksal homosexueller Männer und Frauen im Nationalsozialismus im Vergleich zu anderen Opfergruppen wie z.B. Juden, Sinti und Roma oder Bibelforscher von der Öffentlichkeit kaum zu Kenntnis genommen, obwohl ab den

---

[1] Zinn, Homophobie, S. 95.

[2] Vgl. ebd., S. 95.

1970er Jahren zahlreiche Untersuchungen zur Situation der Homosexuellen im Nationalsozialismus erschienen sind. In der Nachkriegszeit wurde in der Bundesrepublik wie in der Demokratischen Republik über die Opfergruppe der Homosexuellen lange politisch gestritten, obwohl „es die Faschisten waren, die die strafrechtliche Verfolgung homosexueller Männer drastisch verschärften, sie offen propagierten, etwa 50.000 Männer verurteilten und über 5.000 in Konzentrationslager deportierten"[3]. Auch nach der Wende weigerte sich die deutsche Politik weiterhin, das repressive und antihumane Vorgehen als nationalsozialistisches Unrecht anzuerkennen. Wenigstens lässt die Rezeptionsgeschichte der Verfolgung Homosexueller in der Nachkriegszeit für die Bundesrepublik Wandlungen in den Standpunkten sowie Modifizierungen der Wertungen erkennen, was jedoch für die Demokratische Republik während der Zeit ihres Bestehens nicht zutrifft.[4]

Zur Entwicklung des kollektiven Gedächtnisses in der amerikanischen und deutschen Homosexuellen-Gemeinschaft:
Durch die Kritik des Homosexuellen-Magazins *10 Percent* an der Verwendung des Rosa Winkel als ein Emblem der homosexuellen Identität im Winter des Jahres 1993 wurde in den USA und in Deutschland ein wunder Punkt des öffentlichen Diskurses getroffen, was zu heftigen Reaktionen unter der Leserschaft führte. Während einige dies als eine Trivialisierung des Leidens Homosexueller während der NS-Zeit betrachteten, sahen es andere wiederum durchaus positiv, da dies das politische Bewusstsein Homosexueller steigere und zu vermehrter Aktivität gegen homosexuelle Agitation Anlass gebe. Diese Reaktionen illustrierten die kontinuierliche Resonanz des Rosa Winkels, das Insignum für homosexuelle Häftlinge in den Konzentrationslagern. Die historische Erinnerung an die NS-Verfolgung, symbolisiert durch den Rosa Winkel, hat die Wachsamkeit gegenüber heutiger Unterdrückung, die vom sog. *queer-bashing* bis zu Antihomosexuellen-Initiativen reichen, mobilisiert. Dieser gesellschaftliche Druck wurde sowohl von den weiblichen als auch männlichen Homosexuellen als Teil eines langen historischen Musters wahrgenommen, das sich von der NS-Zeit bis heute erstrecke. Ein gemeinsames Gedächtnis der NS-Verfolgung Homosexueller kam in den 1970er Jahren im politischen Kontext der sog. *gay liberation* auf, erst einige Dekaden nach dem Ende des NS-Regimes. Die Gründe dafür waren einerseits das Fehlen sowohl einer freien Presse für Homosexuelle als auch eine breit organisierte Homosexuellen-Gemeinschaft unmittelbar nach dem Krieg, welche die NS-Verfolgung in der Erinnerung gehalten hätte, andererseits die kaum vorhandenen Zeugenberichte bzw. persönlichen Erinnerungen von den Opfern selbst sowie die Tatsache, dass viele männliche und weibliche Homosexuelle im Nachkriegsdeutschland die NS-Zeit gänzlich zu verdrängen

---

[3] Grau, Homosexuelle im NS, S. 91.

[4] Vgl. ebd., S. 90f.

suchten.[5] Aufgrund der gesellschaftlichen Ausgrenzung begann sich die neuere Homosexuellenbewegung ihrer Geschichte und Tradition zu versichern, deren Ziel der Kampf und die Anerkennung und den damit einhergehenden Aufbau einer gesellschaftlichen Identität war und ist. „Die Sorge um die verfolgten Homosexuellen im Nationalsozialismus und die Opfer ist eine wichtige Forderung der neueren Schwulenbewegung der siebziger und achtziger Jahre gewesen."[6] So gibt es den Ausdruck „schwul" als Selbstbezeichnung einer gesellschaftlichen, sexuell definierten sozialen Gruppe erst seit den 1970er Jahren. Vorher konnte von einer homosexuellen Identität nicht die Rede sein, da zu ihrer Konstitution sowohl ein Name als auch ein Selbstbewusstsein notwendig ist.[7] „Wichtig für die Konstruktion einer Identität ist die Geschichte und die soziale und kulturelle Markierung der Geschichte."[8]

Ab den 1970er Jahren begann seitens der homosexuellen Männer und Frauen in Westdeutschland sowie in den USA die Aufarbeitung ihrer Geschichte, indem Archive, Forschungsprojekte und „Oral history"-Kollektionen eingerichtet wurden. So musste der Mythos des homosexuellen Nationalsozialisten, den Sozialisten und Kommunisten aus politischem Nutzen ins Leben gerufen hatten, zuerst beseitigt werden, da in der unmittelbaren Nachkriegszeit kaum etwas über die NS-Verfolgung Homosexueller geschrieben worden ist. Daher wurde der Rosa Winkel als Symbol der neuen Homosexuellenbewegung verwendet, um diesen Mythos endgültig zu entkräften. Im Mai 1969 wurde durch eine Reform des Paragraphen 175 die männliche Homosexualität ab dem 21. Lebensjahr in Westdeutschland entkriminalisiert und im Jahre 1971 erfolgte die Gründung der Befreiungsbewegung „Homosexuelle Aktion Westberlin", die einen radikalen Standpunkt einnahm sowie einen kompletten gesellschaftlichen Wandel anstrebte. Mit der Veröffentlichung des ersten Erinnerungsberichtes eines homosexuellen KZ-Überlebenden im Jahre 1972 rückte die Aufmerksamkeit der Aktivisten auf die Geschichte der NS-Verfolgung und bewirkte einen Anhaltspunkt für ein breites kollektives Gedächtnis. Im Jahre 1973 kam es zur zweiten Reform des Paragraphen 175, indem das Mindestalter für gleichgeschlechtliche Handlungen auf 18 Jahre herabgesetzt wurde. Die homosexuelle Befreiungsbewegung reagierte mit ihrem sog. „Feministenpapier" und es wurde versucht, eine Opferidentität zu kreieren, um das Bewusstsein innerhalb der Gemeinschaft zu heben bzw. zu politischen Aktionen anzustacheln. Mitte der der 1970er Jahre kam es auch zur Politisierung der weiblichen Homosexualität in Westdeutschland und durch den sog. Radikalenerlass 1972, der die Bonner Regierung ermächtigte, Homosexuelle vom Militär- und Zivildienst zu entlassen, wurde das Tragen des Rosa Winkels zum Symbol sowohl für

---

[5] Vgl. Jensen, Pink Triangle, S. 319ff.

[6] Wagner, Engel unterm Rosa Winkel, S. 69.

[7] Vgl. ebd., S. 69f.

[8] Ebd., S. 70f.

gegenwärtige als auch für vergangene Verfolgung hochstilisiert. Die Parallelen zur NS-Verfolgung wurden nun laufend bei jeglicher Repression seitens der Regierung gezogen, so z.B. im Herbst 1977, als auch homosexuelle Organisationen unter polizeiliche Überwachung standen. Des Weiteren erschienen Artikeln in homosexuellen Zeitschriften, in denen immer wieder auf die gegenwärtige Unterdrückung und Diskriminierung Homosexueller hingewiesen wurde. Die Kampagne der Homosexuellenbewegung in den 1970er und 1980er Jahren für die Aufhebung des Paragraphen 175 hob gezielt die Assoziation zum Nationalsozialismus hervor und die Aufdeckung von durch die Polizei angefertigte kompilierte Listen männlicher Homosexueller zu Beginn der 1980er Jahre bewirkten weitere Vergleiche mit der NS-Zeit.[9]

In den USA gab es in den 1970er Jahren erste Publikationen zum Rosa Winkel als Symbol der Erinnerung an die NS-Verfolgung Homosexueller und Aktivisten begannen ihn als Zeichen aktueller Diskriminierung zu tragen. Die amerikanische Homosexuellenbewegung zog im Vergleich zur deutschen öfter direkte Analogien zur NS-Verfolgung, um stärkere Unterstützung innerhalb sowie außerhalb der Gemeinschaft zu erlangen. So schalteten z.B. homosexuelle Organisationen während einer Kampagne 1977 zur Abschaffung eines Gesetzes für Homosexuellenrechte in Florida Inserate in Zeitungen, die den Text eines antihomosexuellen Erlasses von Heinrich Himmler abbildeten. Unter anderem wurde versucht, homosexuelle NS-Verfolgung anhand des jüdischen Holocaust zu veranschaulichen und einen Vergleich zwischen der NS-Verfolgung von Juden und Homosexuellen zu ziehen. In der homosexuellen Presse wurden die Homosexuellen als die am meisten leidende Opfergruppe während der NS-Zeit dargestellt, was zur politischen Strategie ab den späten 1970er Jahren in den USA passte. Zu Beginn der 1980er Jahre begann sich der Aids-Virus auszubreiten und die Aids-Organisation ACT UP verwendete den Rosa Winkel als ihr Identitätssymbol. Ihre Mitglieder trugen ihn umgedreht als Zeichen ihres Überlebenswillens. Da die Aids-Epidemie von Homosexuellen auszugehen schien, wurde die „Rückkehr einer NS-Verfolgung" seitens der Homosexuellen-Gemeinschaft an die Wand gemalt. So waren für die meisten Homosexuellen in den USA und Westdeutschland die Aids-Epidemie und die NS-Verfolgung die beiden zentralen Katastrophen für Homosexuelle im 20. Jahrhundert, wobei soziale Intoleranz nicht nur von Homophobie, sondern auch von der Angst und den Vorurteilen gegenüber Aids herrührte. Der aufkommende Neo-Nazismus im vereinigten Deutschland zu Beginn der 1990er Jahre ließ Bilder früherer Attacken gegen Randgruppen während der NS-Zeit wieder aufkommen.[10]

Während lesbische Frauen in den 1970er Jahren noch ihre Erinnerung an die NS-Verfolgung durch das Tragen des Rosa Winkels mit männlichen Homosexuellen geteilt hatten,

---

[9] Vgl. Jensen, Pink Triangle, S. 322-328.

[10] Vgl. ebd., S. 328-333.

begannen sie sich in den 1980er Jahren angesichts der Aids-Epidemie innerhalb der gemeinsamen Homosexuellenbewegung benachteiligt zu fühlen. Daher konstruierten sie eine eigene Erinnerungskultur an die NS-Unterdrückung, indem feministische Historikerinnen die Frauengeschichtsforschung ins Leben riefen und nach einem spezifisch weiblichen kollektiven Gedächtnisses forschten. Jedoch wurde aufgrund mangelnder Informationen zur NS-Verfolgung lesbischer Frauen das Schema der männlichen Homosexuellenverfolgung übernommen, sowie es vorher die Homosexuellenbewegung mit jenem der NS-Verfolgung von Juden tat. In der zweiten Hälfte der 1980er Jahre formierte sich eine eigenständige weibliche Homosexuellenbewegung, die den Schwarzen Winkel als Symbol für eine lesbische Identität für sich beanspruchte, da lesbische Frauen keiner eigenen KZ-Häftlingskategorie zugerechnet wurden und daher als „stille Opfer" galten. Trotz der Forcierung des Schwarzen Winkels als einen Katalysator eines spezifisch weiblichen Erinnerns blieb der Rosa Winkel auch für viele lesbische Frauen während der 1980er und 1990er Jahre das Symbol für NS-Unterdrückung schlechthin. Zusätzlich zum Aufkommen einer selbstständigen lesbischen Erinnerungskultur markierten die 1980er Jahre den Beginn einer Denkmalkultur in der amerikanischen sowie deutschen Homosexuellen-Gemeinschaft, die sich als Antwort auf das Trauma der Aids-Epidemie sowie auf die schon längeren Bestrebungen eines Holocaust-Gedenkens verstand. Als im Jahre 1985 der Präsident *Richard von Weizsäcker* in einer Rede vor dem westdeutschen Bundestag die NS-Verfolgung Homosexueller anerkannte, leitete er dadurch eine Ära des offiziellen Gedenkens in Westdeutschland ein. Während davor die NS-Verfolgung Homosexueller nur im österreichischen KZ Mauthausen durch das Anbringen einer Gedenktafel an homosexuelle NS-Opfer mit der Inschrift „Totgeschlagen – Totgeschwiegen" offiziell anerkannt wurde, folgten nun mehrere ehemalige Konzentrationslager in Westdeutschland diesem Beispiel und das KZ Sachsenhausen widmete sogar das Erinnerungsjahr 1999 offiziell seinen ehemaligen homosexuellen Häftlingen. In weiterer Folge wurden in mehreren Städten Denkmäler für homosexuelle NS-Opfer errichtet, die sowohl einer politischen als auch einer Funktion des Gedenkens für eine breitere Öffentlichkeit als Maßstab gesellschaftlicher Freizügigkeit dienen sollten. Jedoch führte die Aufstellung von Denkmälern in einigen Städten wie z.B. Berlin oder Frankfurt zu latenten Spannungen innerhalb der weiblichen und männlichen Homosexuellen-Gemeinschaft aufgrund der Frage, an wem und was erinnert werden sollte.[11]

Die Homosexuellen-Gemeinschaft in den USA hat weniger Nachdruck auf eine Gedenk- und Erinnerungskultur gelegt wie die deutsche Gemeinschaft und ihre Aktivitäten als Teil eines breiter angelegten Gedenkens an die Holocaust-Opfer aufgefasst. So haben schon Aktivisten im Jahre 1975 für eine Aufnahme der homosexuellen NS-Opfer in das *United*

---

[11] Vgl. Jensen, Pink Triangle, S. 333-338.

*States Holocaust Memorial Museum* geworben, deren Lobbying eine Art Stimmungsbarometer zu Homosexualität in den USA darstellte. Im Jahre 1980 wurde Präsident *Jimmy Carter* aufgefordert, weibliche und männliche Homosexuelle in das Beratungsgremium des Museums aufzunehmen. Die Museumsleitung reagierte auf solche Forderungen derart, dass sie einen Teil der permanenten Ausstellung der homosexuellen NS-Verfolgung widmete. Im letzten Drittel des 20. Jahrhunderts haben sich Aktivisten, Forscher und Schreiber in Westdeutschland und in den USA ständig gegenseitig beeinflusst, jedoch unterscheiden sich die kollektiven Erinnerungen in der deutschen und amerikanischen Homosexuellen-Gemeinschaft in signifikanter Weise. So hat die amerikanische Gemeinschaft direkter auf den Holocaust verwiesen und offenkundigere Vergleiche zwischen der Situation von Homosexuellen und Juden gezogen, da viele Amerikaner von der NS-Verfolgung der Juden besser Bescheid wussten als von anderen Opfergruppen. Dies führte aber zu Spannungen zwischen der jüdischen und der Homosexuellen-Gemeinschaft in den USA, da die Gleichstellung des Opferstatus Homosexueller mit jenem der Juden bei weitem überzogen erschien, aber nicht nur orthodoxe Juden kritisierten den übermäßige Verwendung des Holocausts seitens der Homosexuellenbewegung. Zum ersten Mal tauchte der Rosa Winkel in den USA bei einem Protest im Jahre 1974 gegen orthodoxe jüdische Gruppen auf, die ein New Yorker Gesetz für homosexuelle Rechte anfochten. In den 1990er Jahren wurden versöhnliche Töne angeschlagen sowie für eine kollektive Erinnerung plädiert, welche die Homosexuellen-Gemeinschaft mit der jüdischen näher zusammenbringen könnte.[12]

Die deutsche Homosexuellen-Gemeinschaft hingegen vermied grundsätzlich diesen Vergleich und sah eher Parallelen zur NS-Verfolgung von Kommunisten und Sozialisten. Die Homosexuellenbewegung in Westdeutschland solidarisierte sich in den 1970er und frühen 1980er Jahren mit der politischen Linken und das Tragen des Rosa Winkels symbolisierte den Protest gegen staatliche Interventionen wie z.B. die Erstellung von Listen Homosexueller durch die Polizei oder der bis zum Jahre 1994 bestehende Paragraph 175. Außerdem begann ab dem Jahre 1975 in den homosexuellen Zeitschriften eine Diskussion über die doppelte Identität eines deutschen Homosexuellen, nämlich einerseits die Täterrolle als Deutscher und andererseits die Opferrolle als Homosexueller. Kritische Stimmen argumentierten, dass Homosexuelle eine Verantwortung hätten, vor allem die Bürde ihrer deutschen Identität zu akzeptieren, weil nur eine geringe Minderheit von Homosexuellen unter den Opfern des NS-Regimes zu finden, während die große Mehrheit zu den Opportunisten des NS-Staates zu zählen wären. Namhafte Historiker stießen sich vor allem an der übertriebenen Darstellung der NS-Verfolgung in der homosexuellen Erinnerungskultur sowie an dem von homosexuellen Medien transportierten Mythos, dass homosexuelle KZ-

---

[12] Vgl. Jensen, Pink Triangle, S. 338-342.

Häftlinge am schlechtesten behandelt worden und homosexuelle Männer sowie Frauen unter den ersten gewesen wären, die vernichtet wurden und somit die geringste Chance des Überlebens gehabt hätten. Vor allem das Kursieren von Zahlen mehrerer hundert Tausend homosexueller NS-Opfern wurde durch neueste Studien klar widerlegt, die maximal 10.000 Todesopfer infolge der NS-Verfolgung als realistisch einschätzen. Auch die übertriebene Darstellung der NS-Verfolgung lesbischer Frauen hat z.B. die Historikerin Claudia Schoppmann aufgrund umfangreicher Archivforschungen eindeutig relativiert, indem sie zum Schluss gekommen ist, dass es keine vergleichbare systematische Verfolgung lesbischer Frauen zu jener männlicher Homosexueller gegeben hat. Diese kollektive Erinnerung hat historische Debatten mehr beeinflusst als umgekehrt und eine der meist umstrittenen Debatten bezog sich auf den Vergleich der NS-Verfolgung von Homosexuellen mit jener von Juden, wobei sich schließlich eine qualitative Differenzierung zwischen der Verfolgung von Homosexuellen und jener von Juden durchsetzte, da im Gegensatz zu den Juden keine physische Vernichtung aller Homosexueller durch das NS-Regime angestrebt wurde.[13]

In den 1970er Jahre wurde der Rosa Winkel zum Symbol der gesellschaftlichen Ausgrenzung, der Aufklärung über die historischen Verhältnisse, der Verbundenheit mit den homosexuellen Opfern des NS-Regimes und im Kampf gegen deutsches Recht, das diese Verfolgung durch den Paragraphen 175 möglich machte. Die neuere Homosexuellenbewegung hat den Rosa Winkel für sich als Zeichen des Stolzes, der Wut und Trauer umgedeutet, das auch den Kampf gegen das Vergessen symbolisiert. Für Gedenktafeln und Mahnmäler wird der Rosa Winkel gerne als Symbolform verwendet, jedoch war jedes Aufstellen einer Gedenktafel mit einem langen Kampf verbunden. Eine Errungenschaft stellten daher die Gedenktafeln in den Konzentrationslagern dar, da sie das bis dahin übliche Verschweigen der Verfolgung Homosexueller im Nationalsozialismus brachen. Die fortlaufende gesellschaftliche Diskriminierung Homosexueller, geprägt auch durch ein traditionelles Rechtsverständnis, trat durch die Streitigkeiten über die Wichtigkeit eines solchen symbolisch-historischen Eingriffs in die Gedenkstättenkultur aber auch offen zu Tage.[14] Ein Denkmal für Homosexuelle sollte Nachdenklichkeit und eine Haltung zur eigenen Akzeptanz seiner selbst und des Anderen anregen, und nicht nur die Akzeptanz seitens der Politik gegenüber einer solchen gesellschaftlichen Gruppe erwirken. Da der Denkmalsgedanke seine Tradition in der Markierung imperialer Macht und Kolonisierung hat, entwickelte sich im 19. Jahrhundert die Idee des Denkmals als moralische Instanz. Gegen diese tradierte Form des Denkmals sind heutzutage neue Formen zur Erinnerung und Vermittlung der Komplexität historischer Vorgänge notwendig. Am Beispiel Aids zeigt sich die Problematik der Vermischung der künstlerisch-monumentalen Trauerformen mit dem

---

[13] Vgl. Jensen, Pink Triangle, S. 342-346.

[14] Vgl. Wagner, Engel unterm Rosa Winkel, S. 71.

historischen Gedenken deutlich. So ist das seit dem Jahre 1988 generell den Aids-Aktivismus (ACT UP) kennzeichnende Symbol, ein umgekehrter Rosa Winkel mit der Gleichung „Silence = Death", eine solche Verwirrung, wobei die Erfinder dieses Zeichens den aktiven Kampf für das Überleben und gegen Unterdrückung sowie Nichtachtung zu symbolisieren versuchten.[15]

Abschließend ist die Frage, ob die Homosexuellen-Gemeinschaft noch eine Erinnerung an die NS-Verfolgung braucht, klar mit Ja zu beantworten, und das wichtige Faktum festzuhalten, dass die Nationalsozialisten „destroyed the most developed homosexual emancipation movement the world had yet seen; and that discrimination against gay men and women continues to this day"[16].

Exkurs: Aids-Aktivismus bzw. ACT UP

Die Bezeichnung ACT UP (*AIDS Coalition to Unleash Power*) ist der Name eines im Jahre 1987 in den USA (New York) gegründeten Interessenverbandes mit der Zielsetzung, durch eine öffentlichkeitswirksame Thematisierung von AIDS mehr Dynamik und Politisierung in die Gesellschaft zu bringen. Außerdem wird mittels Lobbying und Medien versucht, politischen Druck auszuüben, um eine entscheidende Wende in der Behandlung des Themas AIDS herbeizuführen. Diese Organisation ist mittlerweile auf der ganzen Welt tätig und versucht die Aufklärungs- und Präventionsarbeit in Sachen AIDS unvermindert voranzutreiben.[17]

Resümee: Bilanz bisheriger Forschungsbemühungen

Bei der Bilanz bisheriger Forschungsbemühungen fallen diverse Desiderata auf. Die Gesamtzahl der NS-Gerichtsurteile gegen Homosexuelle beläuft sich nach realistischen Schätzungen auf etwa 50.000 Urteilen und für homosexuelle KZ-Häftlinge kann von etwa 5000 Männern ausgegangen werden. Die Rolle der katholischen sowie evangelischen Kirche ist unbekannt, wobei nur einige Stellungnahmen erhalten sind, in denen die katholische Kirche pauschal die „sittlichen Säuberungen" begrüßte. Bis heute weigert sich die evangelische Kirche Deutschlands, das den Homosexuellen zugefügte Unrecht zu verurteilen, und die katholische Kirche schweigt generell in dieser Frage. Des Weiteren sind Ausmaß und Wirkung der an den Universitäten und Forschungseinrichtungen NS-Deutschlands betriebenen Sexualforschung unbekannt, da bislang lediglich Veröffentlichungen in medizinischen Fachzeitschriften ausgewertet wurden. Gerade begonnen wurde mit Untersuchungen zur Rolle der Rechtsmediziner, wobei es interessant sein wird, die Frage zu beantworten, wie viele nach 1945 weiter als Amtsärzte tätig waren.

---

[15] Vgl. Wagner, Engel unterm Rosa Winkel, S. 84f.

[16] Jensen, Pink Triangle, S. 349.

[17] Siehe http://de.wikipedia.org/wiki/Act_Up (Zugriff: 18.04.2014).

Ähnliches trifft für die Juristen zu, die an der Verschärfung der strafrechtlichen Bestimmungen des Paragraphen 175 beteiligt waren, sowie für mitwirkende Strafrechtler und in der Urteilspraxis an Gerichten wirkende Staatsanwälte und Richter. Nach ersten Recherchen ist zu vermuten, dass nicht wenige nach 1951 in der BRD wieder bzw. weiter in Verfahren nach Paragraph 175 mitwirkten.[18]

## Quellen- und Literaturverzeichnis:

Literatur:

- Grau, Günter: Homosexuelle im Nationalsozialismus. Über Ergebnisse und Perspektiven. In: Der homosexuellen NS-Opfer gedenken (hrsg. von Heinrich-Böll-Stiftung). Berlin 1999, S. 90-104.
- Jensen, Erik N.: The Pink Triangle and Political Consciousness. Gay, Lesbians, and the Memory of Nazi Persecution. In: Herzog Dagmar (Hg.), Sexuality and German Fascism. New York u.a. 2005, S. 319-349.
- Wagner, Frank: Der Engel unterm Rosa Winkel. Kritische Würdigung bestehender Denkmäler und Denkmalsentwürfe zur NS-Verfolgung von Schwulen und Lesben. In: Der homosexuellen NS-Opfer gedenken (hrsg. von Heinrich-Böll-Stiftung). Berlin 1999, S. 69-85.
- Zinn, Alexander: Homophobie und männliche Homosexualität in Konzentrationslagern. Zur Situation der Männer mit dem rosa Winkel. In: Eschebach Insa (Hg.), Homophobie und Devianz. Weibliche und männliche Homosexualität im Nationalsozialismus. Berlin 2012, S. 79-96.

Internetquellen:

- Wikipedia – die freie Enzyklopädie

---

[18] Vgl. Grau, Homosexuelle im NS, S. 100ff.